박찬호
네번째
시 집

다시 시인들 **10**

오늘따라
　　날은 맑았지만,

　　　　괜스레 물어본다

시인의 말

오래전
헤어진 연인과 같고
아직도 남아 있는
연민과 같고

차례

시인의 말 • 5

보라와 남색 사이 구절초가 그랬지 • 10

입버릇처럼 • 12

떨어진 열매에 대해 • 14

그래도 눈이 온다 • 16

오늘따라 날은 맑았지만 • 18

문을 조금 열어 두고 • 20

메멘토 모리 • 24

육십 번째 생일 • 26

진눈깨비 • 28

달을 구워 만든 빵 • 30

불안 • 32

바닥엔 살얼음이 끼고 • 34

동생1 • 36

동생2 • 38

겨울, 한때 • 40

어떤 날 • 42

차례

모든 시선을 감싸는 소리 • 46
쓸리고 잘린 것도 괘념치 않는 • 48
말씀 • 50
습도 팔십 퍼센트의 저녁은 • 52
잠시, 어찌 보면 한순간 • 54
KOREAN JOURNAL of OTORHINOLARYNGOLOGY • 56
여름, 떡집 • 58
남도의 미역국 • 60
반이 지났다는 이야기 • 62
미용실에서 • 66
길을 묻기 위해 국어사전을 찾아본다 • 70
겨울에서 봄에게로 • 72
불면증 • 76
잠 다행이다 • 80
차이의 차이 • 82
지금이 바로 그때 • 84
일 많았던 하루 • 88

해설 결핍이 낳은 삶의 충동 / 이송희 • 92

오늘따라
　날은　맑았지만,
　　괜스레　물어본다.

보라와 남색 사이
구절초가 그랬지

파란 꽃은 다 예뻤지
오월의 수국이 그랬고
연푸른 할미꽃이 그랬지

긴 사연이 있을 거 같은
붉은색의 맨드라미보다
한겨울을 난다는 동백보다
왠지 복잡하지 않은,
단답형일 것 같은
파란 꽃이 더 좋았지
아니 덜 부담스러웠지

오늘따라 날은 맑았지만, 괜스레 물어본다

입버릇처럼

눈길이 미끄러웠나 봅니다
다리의 힘이 점점 빠진다더니
돌아오는 길에 넘어져
흉골 한 대와 늑골 두 대
금이 갔다는군요
맨날 사는 게 녹록지 않다는 말을 입에 달고 살더니
숨을 쉬기가 힘들대요
별 약도 없다네요
그냥 무리하지 말고 누워서
뼈가 자연적으로 붙기를 바라는 수밖에 없대요
뭐 별수 있나요?
그이 삶이 그렇듯이
그냥 기다리는 수밖에요
입버릇처럼 주저리더니
죽을 날이 빨라지는 것과
뼈가 붙을 날이 빨라지는 것이
결국 같은 얘기란 걸
이제야 알았다네요
나 원 참
예 들어가세요

오늘따라 날은 맑았지만, 괜스레 물어본다

떨어진
열매에 대해

물어본다고 아는 것도 아니었고
안다고 크게 도움이 되는 것도 아니었는데
괜스레 한마디 물어본다
마지막 가을볕은 따가웠고
제법 바람이 차가운 오후에도
당신의 손은 따뜻했다
힐끗 보면 소나무 같고
자세히 보면 잣나무 같은
저 나무에 대해
저 나무의 떨어진 열매에 대해
물으면서도
대답하면서도
우리는 서로 답을 알고 있지만
단답형의 답이 두려워
다시 물음으로 대답했다
뭐지?
글쎄?
마음속 가문비나무는
그렇게 익명의 나무로
그 가을을 지나고 있었다

오늘따라 날은 맑았지만, 괜스레 물어본다

그래도
눈이 온다

사람들은 예수 탄생을 축하하는
서설瑞雪이라 했지만
그날의 눈은 사실
북동 고기압의 영향을 받은
차가운 기온의 먼지 눈일 뿐이었다

어떤 눈이었든
그래도
눈이 온다고
흰 눈이 내린다고
우리 집 땅콩이도 뛰고
102호 영석이도 껑충껑충

바람은 차갑고
해는 지고
또 해年는 가고
이 겨울은 오늘 밤처럼 서서히 오고
이 밤은 또 눈처럼 조용히 내리고

오늘따라 날은 맑았지만, 괜스레 물어본다

오늘따라
날은 맑았지만

시끄러운 밤을 보낸 날일수록 잠은 오지 않았고
울다가 지친 날일수록 오히려 정신은 더 맑았지요
그러면서 매년 그랬지요
이 겨울이 지나면 돌아가겠다고

오늘따라 날은 맑았지만
기분은 오히려 더 좋지 않았어요
부드러운 바람은 불지 않았고
단지 해만 높이 떠 있었기 때문이었지요

이제 다시 떠날 준비를 해야 해요
올겨울이 지나면 꼭 돌아가야 하기 때문이죠
사실 매년 그랬습니다

내일은 눈이 올지도 몰라요
그러면 기분은 좋아지고
바람은 부드러워질 테니
그러면 정말 떠날 수 있을 듯해요
당신이 계신 곳으로 돌아갈 수 있을 듯해요

오늘따라 날은 맑았지만, 괜스레 물어본다

문을 조금
열어 두고

혼魂이 들어올 수 있도록

추운 아침 탕국엔
수저 한 벌 나란히 올려놓는다

홍동백서, 어동육서, 동조서율
서투른 규칙을 따라
우리는 나란히 둘러앉아
죽은 이의 영혼을 기리는 척
잠시 숙연했다

큰 사발 맹물에
도라지 한 점
고사리 한 줄,
깨 묻은 시금치 한 젓가락
담뱃불에 타들어 가기 시작한
지방紙榜과 함께
오래된 돌기둥 밑에 조용히 버리면

오늘따라 날은 맑았지만, 괜스레 물어본다

훠이훠이
이젠 가시라
바람 타고 오르시라
내년에 또 오시라
그리고
영원히 잊지 마시라

오늘따라 날은 맑았지만, 랜스레 물어본다

메멘토 모리

사랑해
잘 가
걱정하지 마
그동안 고마웠어
감사했어요
아파도 괜찮으니까
그냥 오래오래
곁에 있어 줬으면 좋겠어요

새로운 세상으로
가는 거예요
희망을 품고
두려워 말고
편히 가세요

그 병동에서
매일
울려 퍼지는 공명^{共鳴}

오늘따라 날은 맑았지만, 괜스레 물어본다

육십 번째 생일

선물을 준비해야 한다는 둥
식당을 예약해야 한다는 둥
플래카드를 만들어야 한다는 둥
앞으로의 건강을 기원하는 의미가 있어야 한다는 둥
그동안 감사의 의미를 담아야 한다는 둥
그날을 위한
우리들 허언이
감사의 말로
진심의 말로
둔갑되는 날
생각보다 외로운 날

오늘따라 날은 맑았지만, 괜스레 물어본다

진눈깨비

아내는
그것은
비도 아니고
눈도 아니라 했고
난
그것은
비이기도 하고
눈이기도 하다고 한 밤
그 진눈깨비
조용히 내리는 밤

사소한 일에도
감사하고픈 밤이었다

오늘따라 날은 맑았지만, 랜스레 물어본다

달을 구워
만든 빵

당뇨로 이가 다 빠진 삼촌이
유일하게 씹을 수 있었던 것

단것이라면 환장했던
년전 죽은 메롱이와 딩동이가
침을 흘리며 좋아하기도 했던,

달이 점점 길어질 즈음
보름달을 좋아했던
삼촌은 죽었고
그것은
이제 외면받는 누군가의 추억

작전동 슈퍼 매대
매일은 없고
드문드문 그 모습을 보이는
아주 오래된 기억
삼립 보름달 빵

오늘따라 날은 맑았지만, 괜스레 물어본다

불안

이상하게
만나면
기분 나쁜 사람이 있다는데
나는 아닐 거라 생각해
우리 알고 지낸 게 벌써 얼마야
그런데도 항상 의문이야
혹시 내가 그런 사람이 아닐까 하고 말이야
아니겠지
그래
아닐 거라 믿어

오늘따라 날은 맑았지만, 괜스레 물어본다

바닥엔
살얼음이 끼고

문득
깜짝 놀랐었죠
손도
늙고 있다는 것을
깨달은 아침이었어요
그날
양은 세숫대야 바닥엔 살얼음이 끼고
굵고 투박한 손등은
하얀 비누 거품 사이
아버지 한숨 같은
깊은 주름을 드러냈지만요
난
더는 트지 마라
더는 깊어지지 마라
바셀린을 듬뿍듬뿍 발랐고요
그런
말도 안 되는 바람으로
그 겨울
한파는 그렇게 몰려다닌 듯합니다

오늘따라 날은 맑았지만, 괜스레 물어본다

동생1

아…
정말…
그놈…

생각하면…
쩝…

아리고…
눈물나는…
그 새끼…

에이…
씨발…

세상이…
참…

오늘따라 날은 맑았지만, 괜스레 물어본다

동생2

시드니 의대에 들어간 아들을 암으로 잃고
영어를 못해

좋다는,
선진국이라는,
지상낙원이라는 곳에
뿌리내리지 못하고
돌아 돌아
다시 돌아 한국에

슬픔에 빠져 살다
술독에 빠져 살다
식당을 하다
지금은
8.5톤 트럭으로
다이소 물건을 배달한다는

밤일하는 택배 아저씨 내 동생
엄마가 눈에 넣고 싶어 하는 내 동생
동요 가사 같지 않은 내 동생
생인손 내 동생

오늘따라 날은 맑았지만, 괜스레 물어본다

겨울, 한때

그해 겨울
웃풍이 심했던 방

등은 뜨거웠고
코는 시리고

아랫목 솜이불 깊숙이
넣어 두었던
주발을 발로 차
곱디고운 흰 쌀밥
엎어지고

난
눈물나게 얻어맞고

찬바람이 유난히 심했던
오래전
그해 겨울
어느 날

오늘따라 날은 맑았지만, 괜스레 물어본다

어떤 날

왜 아니겠어요
그런 날이 있죠
유난히 입맛이 깔깔한 날 말입니다
그런 날은
밥알이 입안에서 따로 놀고
신김치가 괜스레 더 물컹거리기도 하고 뭐 그렇죠
그러면 전
천천히 창문을 열고
이미 젊어서 죽은 지인들의 이름을
하나하나 호명해 봅니다
그러면서 난
아직 살아 있음에 긴 한숨을 내쉬다가
다시 깊게 들숨을 마시면서
이제 곧 모든 게 절실해질 그날을 생각해 보기도 합니다
그래요
머지않았죠
그런 생각을 하노라면
개똥밭에 굴러도 이승이 낫다는데

오늘따라 날은 맑았지만, 괜스레 물어본다

아주 구차해질지 모를 그날이
올까 봐 겁이 나기도 합니다
그렇습니다
그런 모습을 떠올리면
입맛이 깔깔하다는 것도
다 사치라는 생각이 들곤 합니다
다들 그렇게 산다니
대충 욱여넣고
빨리 출근해야죠

오늘따라 날은 맑았지만, 괜스레 물어본다

모든 시선을
감싸는 소리

계양산 내려와
곤지암 소머리 국밥집을 끼고
왼쪽으로 돌면
당신은 바로 찾을 수 있을 것이다
언제부터 있었는지 모르는
금정분식을

떡볶이와 뜨거운 어묵을 먹는
날이 선 당신은 또 볼 수 있을 것이다
적막한 그 식당에서
손으로 얘기를 나누는
그 늙은 부부를

모든 것은 고요했고
당신은 유일하게 들을 수 있을 것이다
정적을 깨는 그 소리
고요를 깨는 그 경박한 소리
울컥 눈물이 나는 그 소리

후루룩 쩝쩝
후루룩 쩝쩝

쩝....

오늘따라 날은 맑았지만, 괜스레 물어본다

쓸리고 잘린 것도
괘념치 않는

여지없이
가차없이
매몰차게

튀면 죽는다
모두 올바르고 똑바르게
전부 다 균일하고 일정하게
개별적 상처는 중요치 않다

그저 자로 잰 듯이
틀로 찍어 낸 듯이

우리 동네 나리나리 개나리 울타리
푸르게 예쁘게 가지치기 울타리

오늘따라 날은 맑았지만, 괜스레 물어본다

말씀

할머니는 베개를 모로 세우지 말라고 했고요
도둑이 들어온다고요
오십 년이 지난 지금도 난 절대로
베개를 모로 세우지 않습니다
도둑이 들어올까 봐
도둑이 든 집에는 영락없이
모로 선 베개가 있었다는
얘기를 들은 적이 있습니다
그리고
어둠이 내리면
손발톱을 깎으면 안 된다고도 했어요
귀신 들어온대요
무서워요
사는 게

오늘따라 날은 맑았지만, 괜스레 물어본다

습도 팔십 퍼센트의
저녁은

끈적이는 살을 서로 비벼 대며 누웠다
여름이 오면
그대 굵은 팔뚝 쉰내 나는 땀은
아직 못 끝낸 철 지난 애정처럼
못내 질척였고
모로 누운 내 등에선 그 여름밤
질긴 인연 같은
아쉬움이 땀방울로 흘렀다
장마 전야의 여름밤은
습도 팔십 퍼센트의 저녁은
그리도 끈적이며
그대와 나를
서로의 땀과 땀 냄새로 엮어 주고 있다

오늘따라 날은 맑았지만, 괜스레 물어본다

잠시,
어찌 보면 한순간

우둑하니
멍하니
흐리멍덩하니
마치 동상처럼
아주
먼 곳을
먼 하늘을
바라보고 있는
심정
아니
속내

이해하는 체하지 않기
아는 체하지 않기

오늘따라 날은 맑았지만, 괜스레 물어본다

KOREAN JOURNAL of OTORHINOLARYNGOLOGY

환자의 60%는 3년 이상 생존하기 어렵고 평균 생존율은 1.7년이며
매우 드문 종양으로 40개 사례 이하라고 보고되고 있다
평균 호발 연령은 54.7세로 인종적 차이는 없고 남성에게서 호발한다
여러 가지 치료에도 불구하고 이 질환에 대한 생존율은
3년 생존율이 34.2%, 5년 생존율이 22.8%로 극히 낮았다

다 맞는 말이라 보고
다 옳은 진단이라 보고
다 정확한 숫자라 보고
그래도
그 숫자들 외의 사람은 있다
극히 낮은 숫자로 존재한다

오늘따라 날은 맑았지만, 괜스레 물어본다

여름, 떡집

바람떡은 금방 쉬고요
백설기는 그래도 하루는 가요
여름 떡집은 정말 푹푹 찌는데
좌판에 내놓을 떡이 없어요
먹고 배탈 났다 하면 우리도 큰일이거든요
그래서 여름 떡집은
어서 빨리 찬바람이 불기를
손꼽아 기다립니다
그래요
이제 입추가 지났으니 금방 만추가 오겠죠
그동안은 좀 쉬어야죠
아직 푹푹 찌는 날이 한참 남았으니까요
아직 그날이 오려면 한참을 이겨 내야 하니까요
유난했던 여름이에요

오늘따라 날은 맑았지만, 괜스레 물어본다

남도의 미역국

들기름에 먼저 미역을 살짝 볶는 집도 있고
아무것도 없는 맹물에 미역 먼저 넣는 집도 있다
남도의 미역국은 당신의 속내마냥 맑기만 하고
한수 이북의 생일상에는 기름진 고깃국이 있다
어느새 검버섯은 팔뚝 위에 곰팡이처럼 피고
매해 이어지는 미역국 생일상에는
이승에서 다하지 못한 당신과의 얘기만 떠다녔다
조선간장으로 맛을 낸 옥돔미역국을 받아 들었던
그날의 생일상은
왠지 더 당신을 생각나게 했고
먼바다 건너 지난 그 시절을 돌아보게 했다
그러면서
난 묵묵히 국그릇을 바라보며
다시는 또 오지 않을 이날을
후루룩 마시고 있었다

오늘따라 날은 맑았지만, 괜스레 물어본다

반이 지났다는
이야기

만약 반달이 그대 밤 머리 위로 훤히 떴다면
그것은 지나가야 할 것의 반이 지났다는 얘기고
잊혀야 할 것의 반이 얼추 잊히고 있어
아픔이 반만큼 아물고 있다는 얘기

만약 음력 보름이 지나
당신이 하현의 달을
보기 시작했다는 얘기는
달빛 성근 밤
나머지 반도 다 어디론가 보내야 한다는 것
더구나
하지를 건넌 이날이
당신 앞에 왔다는 얘기는
그만큼
그 무언가가
대범할 수만은 없는
그 차가운 겨울이
좀 더 가까이 와 있다는 것

오늘따라 날은 맑았지만, 괜스레 물어본다

063

그러므로
그 하늘 아래에선
너무 밝을 필요도 없다
너무 어두워서도 안 된다
세상은

당신도 마찬가지다

오늘따라 날은 맑았지만, 괜스레 물어본다

미용실에서

쓸쓸한 겨울에도
항상 푸른 바다가 있는
미용실에 간다
옆머리는 짧게
뒷머리는 봉긋하게
앞머리는 조금만
조금 더 세련되고
조금 더 최신 스타일로
머리를 가지고 무척이나
나를 바꾸고 싶은 날
새로 태어나고 싶은 날
한 달에 한 번쯤은
꼭 멋지게 변신하고 싶은 날
결국에
깔끔하게 하면 되냐 물어서
맞다 했다
보기 좋게 하면 되냐 해서
이쁘게만 하면 된다 했다

오늘따라 날은 맑았지만, 괜스레 물어본다

매달이 그랬고
그 매번이 그랬듯
그 푸른 바다 미용실에서
거울에 비친 내 모습은
어제와 같았고
또
내일과도
차이가 없을 것 같은
오늘의 우울함이었다

오늘따라 날은 맑았지만, 괜스레 물어본다

길을 묻기 위해
국어사전을 찾아본다

혁명革命: 명사　이전의 관습이나 제도, 방식 따위를 단번에 깨뜨리고 질적으로 새로운 것을 급격하게 세우는 일.
혁신革新: 명사　묵은 풍속, 관습, 조직, 방법 따위를 완전히 바꾸어서 새롭게 함.

어떤 것은 불온하고
또 어떤 것은 신선하고
그것은 나쁜 것이고
이것은 좋은 것이고
그 불온과 신선 사이
선과 악 사이는
얼마나 먼가
얼마나 다른가

오늘따라 날은 맑았지만, 괜스레 물어본다

겨울에서 봄에게로

자는 것도 피곤한 겨울이 있다

여러 편의 꿈을 꾸고 깨어난 아침
수증기 뿌연 거울에서는
어젯밤이 묻어났고
문득 오늘처럼 바람이 쌀쌀맞은 날에는
오히려 눈이 안 내린다는 사실을 떠올렸다

겨울에는 눈을 떠도 피곤한 아침이 있다

오래 묵은 체증과도 같은 답답한 가슴이
어젯밤의 술자리를 뒤늦은 후회로 만드는 아침
굵은 손마디 사이로 굳은 얼굴을 파묻고
호기와 객기 사이 기억을 꿰맞추며
막연한 불안에 떨던 그 아침이었다

어떤 아침에는 모든 것이 귀찮을 때가 있다

오늘따라 날은 맑았지만, 괜스레 물어본다

너와 마주보는 것 외에 모든 것이 마뜩잖은 아침
1월도 지나가니 곧 꽃 피는 춘삼월이 오겠다며
애써 추운 희망을 말하는 네가 아주 곱게 느껴졌던
한겨울의 차가운 아침도 있다

오늘따라 날은 맑았지만, 괜스레 물어본다

불면증

비행기는 오른쪽으로 선회하며
불빛 찬란한 사막 도시의 조감도를 보여 줬다
하늘의 별은 보이지 않았고
두꺼운 적란운 사이로 비행기는
하강하기 시작했다
살아생전 한 번쯤 가 보고 싶다는 이 도시를
이제는 굳은살 같은 사람들이
뼈를 묻어야겠다는 이 도시를
나는 사랑하지 않았다
사람들은 오고 가며
한 움큼의 정향으로만 남고
모두의 가슴엔 헛헛한 욕망이
숨을 쉬고 있는 그곳
불빛 가득한 밤에 습한 바닷바람은
후덥지근하고 불온하기까지 한
사념邪念으로 몰려왔다
심한 편두통으로 잠을 설치던 그 밤
멀리 두고 온 아내를 생각하며

오늘따라 날은 맑았지만, 괜스레 물어본다

문득 부부 중 누군가 먼저 죽는다면
남아 있는 사람에게 그것은 천형일까를 생각하던 그 밤
아내는 고요히 죽은 듯 잠들었을 그 밤
그곳에서의 천형 같은 그 밤은 쉽사리 가지 않았다

오늘따라 날은 맑았지만, 괜스레 물어본다

참 다행이다

윤달이 오월에 들면 늦장마가 있다는
아주 오랜 기억은 생생한데
엊그제 너와의 약속은 까맣게 잊고 있었어
올해는 윤달이 안 들어서일까
너를 윤달만큼 중히 여기지 않아서일까
몇 년에 한 번씩 가끔 오는 것을
너보다 더 기억하는 것은
헤어지면 또다시 몇 년을 기다려야 하기 때문이야

헤어지면 영원히 못 볼지도 모를
너를 옆에 두고 하는 실없는 소리야
올해는 윤달이 안 들었으니
너만 기억하면 되는데
그러면
너를 잃을 일은 없는데
참 다행이다
그치?

오늘따라 날은 맑았지만, 괜스레 물어본다

차이의 차이

나는 비판적 사고에 기인한
냉철한 철학적 이성적
견해라고 했지만
아내는 그것은 단지
비관적 사고일 뿐이라 했다

난 그저 오래 묵은 습관이라고만 얘기했지만
그것은 남에게는 깊은 상처일 거라 했다
의도치 않은 생각의
예기치 못한 결과라 얘기하지만
혹시
예측할 수 있는
분명한 결과를 위한
계획적 목표이었는지 몰라

아마도
내 말과 네 얘기의 차이일 거야

오늘따라 날은 맑았지만, 괜스레 물어본다

지금이
바로 그때

그러니까 살아 있을 때 그때
모든 것을 다 기억하고 판단하고 있을 때 그때
아직 명료한 정신으로 너를 똑바로 바라볼 수
있다고 느낄 때 그때
두려움에 미세한 손 떨림이 보일지라도 내 안의
아드레날린이 막 솟구칠 때 그때

부끄럽다며 고개 숙이지 말고
자신 없다며 물러서지 말고
심사숙고라며 뒤에 숨지 말고
안타깝다며 남의 일로 보지 말고
이성적이라며 분석하지 말고
복잡하다며 포기하지 말고
화가 난다며 분노를 앞세우지 말고
때가 아니라며 주저하지 말고
확신이 없다며 또 다른 믿음을 찾지 말고

그러니까 지금은 살아 있으니,
모든 것을 온전히 기억하고 있으니,

오늘따라 날은 맑았지만, 괜스레 물어본다

아직은 당당히 너를 볼 수 있고
뭔지 모를 힘도 마지막으로 내 볼 수 있으니

일어서라
그리고
올바르게 서 있는 너를 똑바로 보라
맑은 눈으로 보라
나도 모르고 남도 모르게 숨겨 왔던 것이라면
이제는 던지고 떳떳하게 거부하겠다 하라
천천히 나아진다
한결 나아진다
그렇게 자유로워진다

오늘따라 날은 맑았지만, 괜스레 물어본다

일 많았던
하루

밤새

싸우다
울다
분노하다
억울해 하다
미안해 하다
부끄러워하다
웃다
도망가다
공포에 떨다
떨어지다
살아나다
가슴을 쓸어내리다

깨어나다

오늘따라 날은 맑았지만, 괜스레 물어본다

무슨
개연성 없는
일들이
그렇게
복잡하고 많은지

꼭
현실처럼

오늘따라 날은 맑았지만, 괜스레 물어본다

해설

결핍이 낳은
삶의 충동

이송희 (시인)

1. 결핍과 통증의 언어

사람은 대체로 자신이 가진 것보다 가지지 못한 것에 더 예민하게 반응한다. 그래서 결핍은 인간의 감각을 깨우고, 언어를 불러낸다. 무엇인가가 온전히 채워지지 않았을 때, 그 빈자리를 향한 열망이 생긴다. 시 또한 그런 결핍의 언어다. 박찬호 시인의 시는 충만함의 노래가 아니라, 오히려 결핍을 정직하게 응시하는 시선에서 비롯된다. 그는 삶의 공백을 감추려 하지 않고, 그 틈에서 새어나오는 불안과 통증을 언어로 붙잡는다. "어떤 눈이었든/ 그래도/ 눈이 온다고… 바람은 차갑고/ 해는 지고/ 또 해^{年}는 가고"(「그래도 눈이 온다」)라는 문장처럼, 일상의 소소한 사건조차 결핍과 온기의 미묘한 교차를 드러낸다. 또한 그는 개인의 상실과 좌절을 숨기지 않는다. "시드니 의대에 들어간 아들을 암으로 잃고/…/ 지금은/ 8.5톤 트럭으로/ 다이소 물건을 배달한다는 내 동생"(「동생2」)이라는 표현은, 삶의 불완전함과 그것을 감내해야하는 인간의 고달픈 숙명을 동시에 보여준다.

'온전하지 못한 삶'은 박찬호 시인의 시 세계를 관통하는 특징이다. 그는 삶을 건강하게 살고자 하지만, 현실은 그 소망을 번번이 밀어낸다. 몸과 마음의 균열, 관계의 불안, 삶의 구조적 모순이 곳곳에 새겨져 있다. 그러나 바로 그 불완전함 속에서 그의 시는 자신만의 진실한 자리를 찾아간다. 아픈 부위를 통해 우리는 비로소 몸 전체의 존재를 자각하듯, 그의 시는 상처의 언어를 통해 존재의 깊이를 더듬는다. 그런 결핍과 미완의 감각은 사소한 감각의 밀도에서 더욱 선명해진다. "장마 전야의 여름밤은/ 습도 팔십 퍼센트의 저녁은/ 그리도 끈적이며/ 그대와 나를/ 서로의 땀과 땀 냄새로 엮어주고 있다"(「습도 팔십 퍼센트의 저녁은」)는 상황처럼, 서로의 불완전함과 서투름마저 삶의 질감이 되어 나타난다. 또한 시간은 상처를 조금씩 아물게 하지만 상처는 완전히 사라지지 않는다. "만약 바달이 그대 밤 머리 위로 훤히 떴다면/…/ 아픔이 반만큼 아물고 있다는 얘기"(「반이 지났다는 이야기」)에서 보듯, 박찬호의 시는 미완성과 회복의 경계를 섬세하게 드러낸다.

이렇듯 박찬호 시인의 시는 어떤 의미에서 '통증의 기록'이다. 그것은 단순히 고통의 재현이 아니라, 결핍을 감각하는 인간의 존재론적 방식에 대한 탐구다. 건강한 몸은 말을 하지 않는다. 그러나 아픈 몸은 말을 하며 여러 신호를 보낸다. 시는 그 '아픈 곳의 언어'다. 이 시집은 그 침묵의 부위를 향한 섬세한 청취의 결과이며, 우리 모두가 품고 있는 불완전함을 조용히 비추는 거울이 된다. '오늘따라 날은 맑았지만, 괜스레 물어본다'는 제목처럼, 겉으로는 평온한 일상 속에서도 우리는 문득 자신에게 질문하게 된다. '나는 지금 충분히 잘 살아가고 있는가, 혹은 무엇을 놓치고 있는가'하는 작은 물음들이, 시 속에서 결핍과 아픔의 언어로 조용히 되돌아온다.

2. 죽음과 이어짐의 시학

박찬호 시인의 시는 일상의 사소한 순간과 신체적·정서적 경험을 세밀하게 포착하여, 결핍과 상처를 솔직하게 드러내는 데서 출발한다. 시는 개인적 고통과 상실, 관계의 불완전함을 숨기지 않고 보여주면서도, 그것을 통해 삶과 존재의 미묘한 감각을 탐색한다. 동시에 반복과 리듬, 시간의 흐름을 섬세하게 활용하여 아픔과 회복, 미완의 감정을 자연스럽게 연결한다.

>사랑해
>잘 가
>걱정하지 마
>그동안 고마웠어
>감사했어요
>아파도 괜찮으니까

그냥 오래오래
곁에 있어 줬으면 좋겠어요

새로운 세상으로
가는 거예요
희망을 품고
두려워 말고
편히 가세요

그 병동에서
매일
울려 퍼지는 공명共鳴

— 「메멘토 모리」 전문

   이 시의 말들은 호스피스 병동의 한 켠에서 들려오는 작별의 인사처럼 조용히 번져나간다. "사랑해", "잘 가", "감사했어요" 같은 짧은 문장들은 생의 마지막을 준비한 이들과 남겨진 이들이 주고받는 언어의 온기를 품고 있다. 그러나 그것은 단순한 슬픔의 기록이 아니라, 끝을 받아들이는 법을 배우는 과정이다. 화자는 죽음을 비극의 끝이 아니라 또 다른 세계로의 '이행'으로 바라본다. "새로운 세상으로/ 가는 거예요"라는 문장에서 드러나듯, 죽음은 소멸이 아니라 다른 존재 방식으로의 전환이며, 남은 자들은 그 길목에서 조용히 손을 내민다. '메멘토 모리'는 원래 교만을 경계하는 권력의 언어다. 하지만 이 시에서 이 단어는 전혀 다른 결을 띤다. 권력과 겸손의 관계가 아니라, 삶과 죽음의 경계를 마주한 인간의 연약함 속에서 울려 퍼지는 공명共鳴으로 바뀐다. 병동에 울리는 이 '공명'은 누군가의 마지막 숨결이 다른 이의 마음속으로 전해지는 순간이며, 죽음을 두려움이 아닌 '이해와 수용'의 언어로 바꾸려는 시도의 흔적이다. 그렇게 이 시는 '죽음을 기억하라'는 차가운 경구를 '죽음을 함께 기억하자'는 따뜻한 위로로 전환시킨다.

눈길이 미끄러웠나 봅니다
다리의 힘이 점점 빠진다더니
돌아오는 길에 넘어져
흉골 한 대와 늑골 두 대
금이 갔다는군요
맨날 사는 게 녹록지 않다는 말을 입에 달고 살더니
숨을 쉬기가 힘들대요
별 약도 없다네요
그냥 무리하지 말고 누워서
뼈가 자연적으로 붙기를 바라는 수밖에 없대요
뭐 별수 있나요?
그이 삶이 그렇듯이
그냥 기다리는 수밖에요
입버릇처럼 주저리더니

죽을 날이 빨라지는 것과
뼈가 붙을 날이 빨라지는 것이
결국 같은 얘기란 걸
이제야 알았다네요
나 원 참
예 들어가세요

- 「입버릇처럼」 전문

"나 원 참/ 예 들어가세요" 시는 이렇게 무심한 인사로 끝난다. 그런데 그 말 속에는 깊은 체념과 쓸쓸한 유머가 함께 배어 있다. 눈길에 미끄러져 부러진 늑골의 통증은 단순한 육체의 고통이 아니라, 한 생의 피로가 몸에 새겨진 흔적처럼 느껴진다. "사는 게 녹록지 않다"는 말이 입버릇처럼 반복되어 왔듯, 그의 삶은 이미 오래전부터 버티는 일의 연속이었다. 하지만 아이러니하게도, 그가 이제 "기다리는" 것은 뼈가 붙는 날이자, 동시에 삶이 끝나가는 날이다. 기다림의 방향이 회복과 죽음 두 곳을 동시에 향한다는 점에서, 시는 인간 존재의 덧없음과 노년의 체념을 고요히 응시한다. 이 시는 노년의 육체적 약화와 죽음의 인식이 어떻게 일상의 언어 속에 스며드는지를 보여주는 듯하다. 시인은 병의 고통이나 죽음의 공포를 과장하지 않고, 오히려 "입버릇처럼" 반복되는 생활어 속에 녹여낸다. 그래서 이 시의 정조는 절망보다는 담담함에 가깝다. 죽음을 비극으로 울부짖지 않고, "뼈가 붙는 것"과 "죽을 날이 다가오는 것"을 같은 흐름으로 받아들이는 그 태도는 일종의 아이러니에 닿아 있다. 그렇게 이 시는 노년의 삶을 '끝을 향한 기다림'으로 그리면서도, 그 어조 속에는 여전히 삶을 놓지 않는 사람의 열망을 남긴다.

시끄러운 밤을 보낸 날일수록 잠은 오지 않았고
울다가 지친 날일수록 오히려 정신은 더 맑았지요
그러면서 매년 그랬지요
이 겨울이 지나면 돌아가겠다고

오늘따라 날은 맑았지만
기분은 오히려 더 좋지 않았어요
부드러운 바람은 불지 않았고
단지 해만 높이 떠 있었기 때문이었지요

이제 다시 떠날 준비를 해야 해요
올겨울이 지나면 꼭 돌아가야 하기 때문이죠
사실 매년 그랬습니다

내일은 눈이 올지도 몰라요
그러면 기분은 좋아지고
바람은 부드러워질 테니

그러면 정말 떠날 수 있을 듯해요
당신이 계신 곳으로 돌아갈 수 있을 듯해요
- 「오늘따라 날은 맑았지만」 전문

「오늘따라 날은 맑았지만」은 이별 이후의 시간, 혹은 남겨진 자의 계절을 정밀하게 묘사한 시다. 날이 맑은데도 기분이 좋지 않은 이유는, 맑음이 곧 결핍의 은유이기 때문이다. 화자는 "이 겨울이 지나면 돌아가겠다"고 말하지만, 그 '돌아감'은 단순한 귀향이 아니라 죽은 이를 향한 내적인 귀속의 움직임이다. 매년 반복되는 다짐 속에서 삶은 계절처럼 되돌아오지만, 그 계절의 끝에는 언제나 '당신'이 있다. 그래서 눈이 내리는 날은 단순한 날씨의 변화가 아니라 신호이자 허락이다. "이제 그만 와도 된다"며, 여기에 없는 존재가 보내는 따뜻한 초대. 시의 마지막에서 "당신이 계신 곳으로 돌아갈 수 있을 듯해요"라는 고백은 죽음을 동경하거나 도피하는 말이 아니라, 끝내 이어지고자 하는 마음의 다른 표현이다.

이 이어짐의 정조는 「문을 조금 열어두고」에서도 드러난다. 이 시에서 화자는 실제로 문을 "조금" 열어둔다. 완전히 닫지도, 활짝 열지도 못한 채, 이승과 저승의 경계를 어렴풋이 남겨 작은 틈을 둔다. 제사의 풍경 속에서 "혼이 들어올 수 있도록" 수저를 놓고, 음식을 차리고, "휘이휘이 이젠 가시라"고 말하는 행위는 떠난 이를 보내는 동시에 다시 맞이하는 의식이다. 「오늘따라 날은 맑았지만」에서 눈을 기다리며 "당신이 계신 곳"을 향해 마음을 내

보냈다면, 여기서는 그 마음의 문턱을 실제로 열어둔 셈이다. 그렇게 두 편의 시는 죽음 이후에도 완전히 끊어지지 않는 관계, 그리움이 열어둔 통로를 이야기한다는 점에서 닮았다. 떠남과 맞이함, 그 두 가지가 반복되는 의식 속에서 시인은 부재를 끝내 부재로 남기지 않는다. 문을 조금 열어둠으로써, 그는 여전히 그리움이 드나드는 자리, 즉 '사랑의 사후死後'를 조용히 지켜보고 있는 것이다.

박찬호 시의 화자는 "밤새/ 싸우다/ 울다/ 분노하다/ 억울해 하다/ 미안해 하다/ 부끄러워하다/ 웃다/ 도망가다/ 공포에 떨다/ 떨어지다/ 살아나다/ 가슴을 쓸어내리다/ 깨어나다"(『일 많았던 하루』)와 같은 연쇄적 동작을 통해 꿈과 현실의 고단함을 동시에 보여준다. 또한, "어제는 오늘과 같고 오늘은 또 내일과 같고"(『어제는 오늘과 같고 오늘은 또 내일과 같고』)라는 문장은 반복되는 노동과 가사 속에서 이어지는 삶의 무게를 담담히 드러내며, 화자가 고단한 현실을 묵묵히 견뎌내는 모습을 보여준다.

3. 차이와 균형의 사유

또한 시인은 인간 경험의 불완전함과 미묘한 차이를 세심하게 포착한다. 화자는 개인적 견해와 사회적 규범, 자연의 흐름과 인간 감정 사이의 간극을 관찰하며, 그 틈에서 발생하는 긴장과 상처를 정직하게 드러낸다. 그의 시는 극단적 평가나 결론에 이르지 않고, 과정과 균형, 변화 속에서 존재의 미묘한 온도를 사유하게

한다.
나는 비판적 사고에 기인한
냉철한 철학적 이성적
견해라고 했지만
아내는 그것은 단지
비관적 사고일 뿐이라 했다

난 그저 오래 묵은 습관이라고만 얘기했지만
그것은 남에게는 깊은 상처일 거라 했다
의도치 않은 생각의
예기치 못한 결과라 얘기하지만
혹시
예측할 수 있는
분명한 결과를 위한
계획적 목표이었는지 몰라

아마도
내 말과 네 얘기의 차이일 거야

― 「차이의 차이」 전문

"비판적 사고"와 "비관적 사고"는 단어 하나 차이지만, 그 사이에는 깊은 인식의 틈이 존재한다. 「차이의 차이」는 바로 그 틈을 응시하는 시다. 화자는 자신을 "냉철한 철학적 이성"으로 정의하지만, 아내의 눈에 비친 그는 삶을 어둡게 바라보는 사람이다. 시는 이 대화의 불일치를 통해, 말과 말 사이에 자리한 인간의 오해와 차이를 드러낸다. 나에게는 단순한 습관이 상대에게는 상처가 되고, 의도치 않은 행동이 누군가에게는 계산된 냉정으로 읽힌다. 그러나 시는 그 어긋남을 탓하지 않는다. 오히려 그 차이가 인간이 서로를 이해하려 애쓰는 과정의 일부임을, 피할 수 없는 존재조건임을 일러준다. 시는 모든 견해가 부분적이고 불완전하다는 사실을 인정하는 데서 출발한다.

"내 말과 네 얘기의 차이일 거야"라는 마지막 문장은 체념이 아니라 성숙한 이해의 표현이다. 서로 다른 자리에서 세상을 바라보는 일, 그것이 불완전한 인간이 관계 맺는 방식임을 시인은 알고 있다. 그래서 이 시는 갈등을 해소하거나 통합을 강요하지 않는다. 대신 각자의 말이 머물 자리를 인정하고, 그 거리 속에서 비로소 서로를 존중하는 배려를 보여준다. 결국 '차이의 차이'는 '같음'보다 '다름'을 택하는 사유의 온도, 관계 속에서 균형을 잃지 않으려는 마음의 자세를 이야기하고 있다. 자연스럽게 만들어진 차이를 극복하려 하지 말고 있는 그대로 받아들이라는 시인의 전언이 여기 있다.

    여지없이
    가차없이
    매몰차게

튀면 죽는다
모두 올바르고 똑바르게
전부 다 균일하고 일정하게
개별적 상처는 중요치 않다

그저 자로 잰 듯이
틀로 찍어 낸 듯이

우리 동네 나리나리 개나리 울타리
푸르게 예쁘게 가지치기 울타리
　　　　　－「쓸리고 잘린 것도 괘념치 않는」 전문

'모난 돌이 정 맞는다'는 속담이 있다. 이 시는 혼자 "튀면 죽는다."는 단호한 문장으로 세계의 구조를 폭로한다. 시인은 자연스러운 생의 형태가 얼마나 손쉽게 '정돈'이라는 이름으로 잘려 나가는지를 냉소적으로 응시한다. "모두 올바르고 똑바르게"라는 말 속에는 규율과 통제의 언어가 깔려 있다. 시에서 개나리 울타리는 봄의 생명력이 아니라, 가지런함을 강요당한 인공의 풍경이다. '자연'이 아니라 '조경'의 결과물인 셈이다. "쓸리고 잘린 것도 괘념치 않는" 사회의 모습 속에서, 시인은 개체의 고유한 생김새가 얼마나 쉽게 체제의 미학 아래 희생되는지를 보여준다. 튀어나온

가지는 '틀'에서 벗어난 존재이며, 그 벗어남이 곧 '잘려야 할 것'으로 규정된다.

시는 도시적 질서의 그림자를 비춘다. 자연의 자유로움이 아니라, 도시의 감시와 통제가 만들어 낸 균질한 미의 논리가 이 시의 비판의 초점이다. "그냥 내버려 두면 안 될까?"라는 해설의 물음처럼, 시는 명시적으로 저항하지 않으면서도, 그 억압된 생명의 풍경을 조용히 드러냄으로써 질문을 남긴다. 이 시의 슬픔은 상처나 절단 그 자체에 있는 것이 아니라, 개체가 자신도 모르게 '울타리의 일부'로 길들여지는 데 있다. 잘려 나가고 쓸려 나가도 아무렇지 않은 척 살아가야 하는 존재들, 시인은 그 무표정한 순응의 얼굴을 통해 우리 시대의 '질서'가 얼마나 폭력적인 평화를 가장하고 있는지를 예리하게 드러내고 있다.

> 만약 반달이 그대 밤 머리 위로 훤히 떴다면
> 그것은 지나가야 할 것의 반이 지났다는 얘기고
> 잊혀야 할 것의 반이 얼추 잊히고 있어
> 아픔이 반만큼 아물고 있다는 얘기
>
> 만약 음력 보름이 지나
> 당신이 하현의 달을
> 보기 시작했다는 얘기는
> 달빛 성근 밤
> 나머지 반도 다 어디론가 보내야 한다는 것

더구나
하지를 건넌 이날이
당신 앞에 왔다는 얘기는
그만큼
그 무언가가
대범할 수만은 없는
그 차가운 겨울이
좀 더 가까이 와 있다는 것

그러므로
그 하늘 아래에선
너무 밝을 필요도 없다
너무 어두워서도 안 된다
세상은

당신도 마찬가지다
          -「반이 지났다는 이야기」 전문

  반달이 뜨는 밤은, 그 어느 때보다 균형을 말하는 시간이다. 이 시는 그 균형의 미학을 통해 삶의 리듬을 사유한다. 시의 화자는 달의 이지러짐을 단순한 시간의 흐름이 아니라, '아물어가는 상처'의 징후로 읽는다. "반이 지났다는 얘기고/ 잊혀야 할 것의 반이 얼추 잊히고 있어"라는 대목은, 인간의 감정이 자연의 주기 속에서 서서히 희석되어 가는 과정을 담담히 드러낸다. 이 시의 시선은 완전한 회복이나 절대적 충만을 향하지 않는다. 오히려 '반'이라는 중간 지점, 결핍과 치유가 동시에 머무는 그 미묘한 경계에 머문다. 그래서 화자는 "너무 밝을 필요도 없다/ 너무 어두워서도 안 된다"고 말한다. 삶은 늘 반쯤 남은 상태, 완전하지 않기에 계속 흐르는 존재의 과정으로 그려진다.

화자는 변화와 결핍을 두려워하지 않는다. 모든 것은 '과정 중에 있다'는 인식이 시의 분위기를 관통한다. 하지夏至가 지나 겨울이 다가오는 자연의 이치처럼, 인간의 삶 또한 충족을 향한 순환 속에 있다. 시인은 그 순환을 순응이나 체념이 아니라 '조율'의 태도로 받아들인다. 너무 밝지도, 너무 어둡지도 않은, 그 적정한 균형이 이 시가 제안하는 삶의 자세다. 시인은 완전함을 향한 강박을 내려놓고, 모자람 속에서 흐름을 느끼는 성숙한 자세를 가져야 함을 이야기하는 듯하다. 달이 차고 기우는 그 변주의 순간에, 시인은 이 정도의 빛이면, 우리도 충분하지 않겠느냐고 묻는다. 결과적으로 변하지 않는 것은 없으므로.

4. 언어와 존재의 각성

> 혁명革命: 명사 이전의 관습이나 제도, 방식 따위를 단번에 깨뜨리고 질적으로 새로운 것을 급격하게 세우는 일.

혁신革新 : **명사** 묵은 풍속, 관습, 조직, 방법 따위를 완전히 바꾸어서 새롭게 함.

어떤 것은 불온하고
또 어떤 것은 신선하고
그것은 나쁜 것이고
이것은 좋은 것이고
그 불온과 신선 사이
선과 악 사이는
얼마나 먼가
얼마나 다른가
  −「길을 묻기 위해 국어사전을 찾아본다」전문

국어사전을 펼쳐 길을 묻는다는 발상부터 이미 이 시는 낯설다. 언어의 정의를 빌려 세계를 이해하려는 인간의 습관을 풍자적으로 드러내기 위한 전략으로 보인다. '혁명'과 '혁신'이라는 단어의 정의는 미묘하게 다르지만, 그 차이는 사회가 허락한 감정의 온도 차이에 불과하다. 전자는 '불온'하고, 후자는 '신선'하다. 그러나 시는 그 구분의 허상을 집요하게 파고든다. "그 불온과 신선 사이/ 선과 악 사이는/ 얼마나 먼가"라는 물음은, 사실상 거리가 거의 없음을 암시한다. 인간은 언제나 선택적으로 세계를 인식하며, 같은 현상도 '좋음'과 '나쁨'의 잣대에 따라 다르게 명명한다. 이 시는 그 언어의 편향성, 세계를 구획하려는 인간의 인식적 습관을 조용히 비튼다.

'다르고 멀다'는 인식도 그저 한 몸의 다른 측면을 보는 것이 아닌가. 혁명과 혁신, 불온과 신선, 선과 악이 갖는 양면성은 사실 하나의 에너지로 단지 방향만 다를 뿐인 생의 운동이다. 시인은 그 둘을 대립 항으로 두지 않고, 서로에게 의존하는 관계로 본다. 마치 빛이 있어야 그림자가 있듯이, 불온이 있어야 신선함이 존재한다. 결국 이 시는 언어가 세계를 나누는 방식을 다시 묻는다. 국어사전의 정의를 인용하면서도, 그 경계를 해체해 버리는 아이러니한 방식으로 말이다. 길은 사전에 있지 않다. 정의된 의미 바깥, 그 미묘한 틈에서 시는 길을 찾는다. 이 시는 선과 악, 혁명과 혁신이 맞닿는 그 지점에서 찾아야 하는 것임을 알려주는 듯하다.

> 그러니까 살아 있을 때 그때
> 모든 것을 다 기억하고 판단하고 있을 때 그때
> 아직 명료한 정신으로 너를 똑바로 바라볼 수
> 있다고 느낄 때 그때
> 두려움에 미세한 손 떨림이 보일지라도 내 안의
> 아드레날린이 막 솟구칠 때 그때
>
> 부끄럽다며 고개 숙이지 말고
> 자신 없다며 물러서지 말고
> 심사숙고라며 뒤에 숨지 말고

안타깝다며 남의 일로 보지 말고
이성적이라며 분석하지 말고
복잡하다며 포기하지 말고
화가 난다며 분노를 앞세우지 말고
때가 아니라며 주저하지 말고
확신이 없다며 또 다른 믿음을 찾지 말고

그러니까 지금은 살아 있으니,
모든 것을 온전히 기억하고 있으니,
아직은 당당히 너를 볼 수 있고
뭔지 모를 힘도 마지막으로 내 볼 수 있으니

일어서라
그리고
올바르게 서 있는 너를 똑바로 보라
맑은 눈으로 보라
나도 모르고 남도 모르게 숨겨왔던 것이라면
이제는 던지고 떳떳하게 거부하겠다 하라
천천히 나아진다
한결 나아진다
그렇게 자유로워진다

- 「지금이 바로 그때」 전문

이 시는 다짐이 아니라 각성에 가깝다. 화자는 '언젠가'가 아니라 '지금'을 반복적으로 불러낸다. "살아 있을 때 그때", "명료한 정신으로 너를 바라볼 수 있을 때 그때"에서 '그때'의 반복은 아직 늦지 않았다는 선언이자, 주저함의 언어들을 끊어내는 의식처럼 들린다. 시는 인간이 자신을 변명으로 가두는 순간들을 낱낱이 드러낸다. "심사숙고라며 뒤에 숨지 말고/ 복잡하다며 포기하지 말고"에서 알 수 있듯, 이 시는 자기 인식의 회피를 거부한다. 두려움과 혼란, 불완전함이 여전히 남아있더라도, 그 모든 상태를 끌어안은 채 서 있으라고 명한다. '지금'이란 바로 그 불완전한 존재로서 자신을 직면할 수 있는 시간이다. 이 시는 자신에게 주어진 카르마, 혹은 숙명에 대한 응답이다.

자신의 십자가를 그 누구도 대신 짊어질 수 없으므로 그저 자신의 의지로 감당하라는 명령은, 고통의 인정이자 해방의 선언이다. "나도 모르고 남도 모르게 숨겨왔던 것이라면/ 이제는 던지고 떳떳하게 거부하겠다 하라"는 대목에서, 시인은 자기 부정이 아닌 자기 회복의 신념을 말한다. 자유는 외부로부터 주어지는 선물이 아니라, 내 안의 망설임을 벗겨낼 때 비로소 도달하는 내면의 순간이다. 그래서 시의 결말은 결의의 외침이 아니라, 서서히 '나아지는' 존재의 호흡으로 마무리되는 것이다. "천천히 나아진다/ 한결 나아진다"는 것은 완성의 약속이 아니라, 살아 있음, 그 자체를 증명하는 현재진행형의 자유이다.

이렇듯 박찬호의 시는 결핍과 상처, 회복과 이별의 경계를 관찰하며, 인간 존재의 불완전함을 받아들이도록 우리를 안내한다. 시

「반이 지났다는 이야기」에서 '반쯤 남은 상태'는 결핍을 부정하지 않으면서도, 삶의 흐름 속에서 절절한 균형을 찾아가는 태도를 보여준다. 그래서 그의 시는 절망이나 비극이 아니라, 존재의 미묘한 감각과 상호 이해, 그리고 조용한 위로를 전한다. 그리고 그는 우리에게 완전하지 않아도 충분히 살아갈 수 있는 삶의 가능성을 일깨운다.

다시 시인들 10

오늘따라 날은 맑았지만, 괜스레 물어본다

초판발행 · 2025년 12월 12일

지 은 이 · 박찬호
펴 낸 이 · 윤한로
편　　집 · 이은숙 · 조재선
디자인기획 · 이은숙
디 자 인 · 박은주
펴 낸 곳 · 다시문학
주　　소 · 경기도 안양시 동안구 시민대로 383 디지털엠파이어 B동 808호
전　　화 · 031-8086-7999
등 록 일 · 2017년 3월 16일
등록번호 · 제385-2017-000023호

값 15,000원

ISBN 979-11-976820-8-7 03810

이 책의 판권은 지은이와 다시문학에 있습니다.
양측의 서면 동의 없는 무단 전재 및 복제를 금합니다.
잘못 만들어진 책은 바꿔드립니다.